AF563522

Recueil

de Pièces, en vers,

par le Marquis d'avèze.

Paris,

de l'imprimerie de Plassan.

1818.

AVANT-PROPOS.

De longs chagrins, de grands malheurs accablaient mon ame depuis long-temps, mon cœur était flétri par la douleur que me causait l'ingratitude inouie d'une fille unique et bien aimée; je soupirais après l'heureux moment où je verrais ma patrie délivrée du joug qui pesait sur elle, lorsque le retour du Roi vint combler tous mes vœux et mettre fin aux maux de la France. A cette époque je quittai la retraite où j'avais vécu dans l'obscurité pendant tous les temps malheureux, où j'avais considérablement fatigué ma vue par un travail constant et soutenu, Je volai à Paris; j'y vins me faire présenter à la Famille royale. Les évènemens fâcheux du 20 mars ayant réuni tous les bons Français attachés à la cause du Roi, je me fis aggréger aux Gardes de la Porte, dans lesquels j'avais autrefois servi. Je me mis en marche avec ce corps le 19 mars, pour suivre la Famille royale, obligée pour lors de quitter la Capitale.

J'étais à peine à deux journées de Paris, je n'avais encore bivouaqué qu'une nuit, lorsque je fus atteint d'une goutte sereine qui me priva totalement de la lumière; je fus obligé de revenir sur mes pas. De retour à Paris, j'y trouvai l'usurpateur sur le trône. Un décret qui éloignait à trente lieues tous les serviteurs fidèles de Sa Majesté, me força à me cacher pendant tout le temps de l'interrègne. Je profitai de cette indispensable réclusion pour essayer de

recouvrer la vue; je n'obtins qu'un faible succès. Cependant j'avais sauvé l'œil droit, et recouvert assez de lumière de ce côté pour pouvoir lire, signer, me conduire parfaitement : j'en abusai; après le second retour des Bourbons je vis insensiblement s'éteindre de nouveau ma vue, et je la perdis entièrement au mois de novembre 1817.

Il est difficile de se peindre l'état de l'homme qui a passé sa vie au milieu des jouissances de toute espèce, et qui est privé de presque toutes à la fois en perdant la clarté du jour; aussi ne saurai-je comment exprimer ma douleur. Je m'en entretenais avec le docteur Chauveau, médecin aimable et instruit, lorsqu'il me parla d'un ouvrage dont il s'occupait, et dont il voulut bien dans la suite me communiquer quelques fragmens : c'était la Vie du marquis de Bonchamp, général vendéen. Parmi les traits glorieux qui caractérisaient cet illustre soldat, celui qui me frappa le plus fut le dernier de sa vie; j'en fus si pénétré en le lisant, que je me sentis en quelque sorte inspiré, et que j'improvisai sur-le-champ la première pièce de vers qui commence ce recueil. Ma triste situation, et le défaut de secrétaire en état de me seconder, me firent livrer ces vers à l'impression, sans aucun examen ni correction. Quelques personnes indulgentes en parurent satisfaites; dès-lors je devins en quelque sorte un improvisateur. Mon imagination me fournit sans cesse quelque nouvel objet pour l'exercer, en rimant bien ou mal. La fameuse procédure sur l'assassinat Fualdès occupait alors toute l'Europe, je fis le récit de cette horrible aventure. Une espèce de succès dans cette petite entreprise m'enhardit. J'eus l'idée de décrire les quatre jardins publics et royaux de Paris. Je nourrissais depuis long-temps cette idée, parce que j'avais toujours pensé que ces jardins offraient un vaste champ à celui qui voudrait en parler. Le Palais-Royal me rappelait ces temps où la cocarde nationale fut arborée par Camille Desmoulins au Café de Foi, où il tenait des séances publiques qui préparaient la foule à tous les évènemens de notre affreuse révolution; il me rappelait encore ces derniers temps, de fâcheuse mémoire, où nos illustres alliés avaient chassé de cette promenade, particulièrement du Caveau, tous les citoyens amis de leur patrie.

Les Tuileries m'offraient les souvenirs les plus douloureux : l'affaire du prince Lambesc, celle du camp des patriotes et des royalistes, toutes les horreurs commises sous les fenêtres du Roi, dans son palais même, me semblaient propres à exercer la plume d'un historien. Le Luxembourg me présentait de son côté une foule d'évènemens précieux pour un écrivain : la dernière occupation des Prussiens était un des principaux que j'aurais voulu peindre; enfin le Jardin du Roi, par ses augmentations, les nouveaux établissemens qui s'y sont formés et la parfaite organisation de son administration, fournissait une multitude d'observations utiles et intéressantes pour une plume exercée. Mais il m'était impossible d'embrasser un plan aussi vaste avec le peu de moyen dont j'étais doué, surtout dans l'impuissance où j'étais de pouvoir écrire et de recueillir mes pensées. J'ai donc obéi seulement à ce que m'a dicté mon imagination, vivement frappée du souvenir que j'ai conservé des objets que je voulais décrire. Certainement je n'ai pas rempli le but que je m'étais proposé, mais peut-être aurai-je donné une idée que des hommes instruits pourront développer comme elle mérite de l'être.

J'ai terminé ce recueil par quelques pièces improvisées, que des sentimens religieux dans lesquels j'ai été élevé m'ont inspiré; ces sentimens sont aujourd'hui ma plus douce consolation. C'est aussi dans ces sortes de vers qu'il me semble que j'ai le mieux réussi, mon cœur était rempli du sujet que je traitais.

Il ne m'est jamais arrivé de faire autrement que d'un seul trait toutes les prières que j'ai consignées ici. Un des morceaux que j'ai fait avec le plus de facilité, que je prise plus que tout ce que j'ai improvisé, est ma *Vengeance d'un père;* j'avais l'ame tellement affectée en l'improvisant, qu'à chaque vers je sentais mon visage inondé de larmes.

Je ne suis entré dans toutes ces explications, que pour éviter le reproche qu'on pourrait me faire d'avoir fait imprimer des sujets aussi peu dignes d'être mis au jour; mais j'ai pensé qu'on pardonnerait à un infortuné comme moi, d'avoir voulu recueillir le fruit de ses distractions, au risque même de les voir tomber entre les mains de certains hommes toujours très-prompts à juger, et sévères dans leur jugement.

A M. CHAUVEAU,

DOCTEUR EN MÉDECINE DE LA FACULTÉ DE PARIS,

Médecin en chef de la quatrième division de la garde nationale; Rapporteur près le conseil de santé, chargé du personnel, et attaché au quatrième dispensaire de la Société philantropique, etc.

L'INTÉRÊT *que vous prenez depuis long-temps, mon aimable et cher Docteur, à mon extrême infortune, les soins nobles et désintéressés que vous m'avez donnés jusqu'à ce jour, m'ont pénétré de la plus vive sensibilité. C'est à la* Vie du marquis de Bonchamp, *votre ouvrage, que je dois la première inspiration des vers contenus dans le recueil que je viens vous offrir; je vous prie, mon bon et cher Docteur, d'en accepter la dédicace, comme un hommage qui vous appartient, surtout comme un tribut mérité de l'estime et de l'amitié de votre reconnaissant et dévoué serviteur,*

Le Marquis D'AVÈZE.

PRIERE A LOUIS XVI.

O Prince généreux! ô Louis! roi martyr,
De ton peuple l'ami jusqu'au dernier soupir;
Toi, l'ange protecteur de ce peuple féroce
Qui termina tes jours par un supplice atroce;
Toi, que des forcenés jugèrent criminel,
Tandis que ton encens montait vers l'Éternel,
Pour qui Dieu près de lui préparait une place,
Et réservait ton trône à ton auguste race!
O martyr des martyrs! ô Louis! ô saint Roi!
Du céleste séjour jette un regard sur moi:
Victime des méchans, qui voulaient me séduire,
Des monstres odieux, toujours prêts à me nuire,
Pour avoir en tout temps osé cent et cent fois,
Sur ton nom, tes vertus, fait entendre ma voix;
Daigne me protéger, m'accorder assistance
Contre leur injustice et contre leur offense;
Daigne apaiser leur haine et finir mes tourmens;
Je leur pardonne à tous, puisqu'ils sont tes enfans,
Pourvu qu'à l'avenir, imitant ton exemple,
Leur cœur soit des vertus le modèle et le temple.

A DES ENFANS INGRATS.

Vous jouissez, ingrats, de ma triste misère ;
Déjà vous me croyez, ainsi que Bélisaire,
Aveugle, délaissé, peut-être, comme lui,
Sur le point d'implorer des passans un appui :
Détrompez-vous, le Ciel a pris soin de ma vie,
Ma mort de vos désirs ne sera point suivie.
J'eus un père, une fille, objets de mon amour ;
Je les avais perdus tous les deux sans retour :
Je les ai retrouvés tous deux pleins de tendresse,
Tous deux ont soulagé mon affreuse détresse ;
Enfin j'ai retrouvé dans tous deux à la fois
La plus grande princesse et le meilleur des rois.
Bénie soit du Seigneur la volonté suprême,
Qui ceignit de nouveau leur front du diadême,
Et qui nous les rendit pour faire désormais
La gloire, le salut, le bonheur des Français.
Vous, ma fille, à mes maux, à ma voix insensible,
Écoutez, retenez cette leçon terrible :
« Un père serait-il mille fois criminel,
» Un fils lui doit amour et respect éternel.
» Tel qui peut oublier l'auteur de sa naissance
» Ne saurait éviter la céleste vengeance ;
» Il verra tôt ou tard son orgueil abaissé,
» Par les siens même un jour il sera délaissé.
» L'ingrat est détesté, contre lui le Ciel tonne,
» Et son malheur jamais ne touchera personne. »

*

LE CHOIX.

Si j'avais à choisir dans cette compagnie,
Je serais fort embarrassé :
Dans mon choix cependant si j'étais trop pressé,
Je pencherais pour Virginie.
J'aime beaucoup, beaucoup Fanny,
Je la trouve bonne et charmante,
Mais je la crois de son mari
Très-fidèle et sincère amante;
Je suis rempli d'originalité
Et n'aime point la conjugalité.
J'aurais du goût pour Henriette,
Mais je la crois un peu coquette,
Et tremblerais de m'y fier,
De me voir même humilié.
Mon cœur parle pour Joséphine,
Mais, la friponne, elle est bien fine;
Si, par malheur, j'en étais pris,
Je pourrais bien.... vous savez, mes amis.
Pour sa belle maman, je sais que dans mon âme
Je pourrais retrouver des restes de ma flâme,
Mais il faut disputer son cœur à son époux;
Je n'aime pas à faire des jaloux.
Quant à la mignonnette Adèle,
J'en conviens, aujourd'hui je lui suis infidèle,
Et quoiqu'assurément elle abonde en appas,
Je les admire, ils ne me tentent pas.

J'en reviens donc à Virginie.
Bon Dieu! comment ne pas l'aimer?
Grâces, esprit, talent, physionomie,
Elle a tout pour charmer :
Si l'heureux qui l'intéresse
Sait apprécier le bonheur,
Il le mettra dans sa tendresse,
Et le trouvera dans son cœur.

A ADELE,

De qui l'on voulait me séparer sous divers prétextes religieux.

De mon bonheur je vois finir le cours.
En attendant que la parque cruelle
Vienne trancher le fil de mes pénibles jours,
Il faut, hélas! me séparer d'Adèle,
Il faut cesser d'être fidèle
Aux sentimens d'amour et d'amitié
Que ses soins et sa pitié
M'inspirèrent pour elle.
Barbares! quel est donc le Dieu que vous servez?
Quels sont les biens que vous me réservez?
Quoi! ce Dieu de bonté, ce Dieu que rien n'égale,
S'offenserait qu'une main filiale
Et qu'un coeur généreux
S'empressent d'adoucir les maux d'un malheureux
Qui, sur la fin de sa carrière,
Est privé de la lumière
Et ne s'occupe que des cieux!

Non, de ce Dieu je connais la tendresse,
Il aime bien trop ses enfans
Pour punir comme des méchans
Ceux dont le cœur au malheur s'intéresse.
Adèle, viens encor, reçois-moi dans tes bras,
Comme autrefois guide mes pas.
Rends-moi ces soins dignes de ta belle ame,
Sois pour toujours mon amie et ma femme,
Sois tout pour moi jusqu'à la mort;
Alors je croirai que mon sort
Est encore digne d'envie,
Et je saurai qu'en finissant ma vie,
A ta vertu le Ciel applaudira,
Et que Dieu même un jour te bénira.

A ÉMILIE, *qui m'avait trompé.*

Ingrate, c'en est fait, il ne m'est plus permis
D'espérer le bonheur que tu m'avais promis;
Ton cœur, qui n'a jamais connu que l'inconstance,
S'irrite et se fatigue, en voyant ma constance.
De plaisir affamé encor plus que d'amour,
La volupté t'occupe et la nuit et le jour;
Tu méprises mes feux, tu dédaignes ma flâme,
J'éprouve à tout moment la froideur de ton âme;
Et lorsque, sans pitié, tu m'abreuves de pleurs,
Mes rivaux par tes mains sont couronnés de fleurs.

INVOCATION

Dans la nuit du mardi au mercredi, jour de Noël 1817.

La voilà qui finit, cette fatale année
Qui fut de tous mes ans la plus infortunée,
Où presqu'en même temps je perdis tour-à-tour
Ma fille, le bonheur et la clarté du jour.
A tes décrets, grand Dieu! mon âme est résignée,
Daigne fixer enfin ma triste destinée,
Reçois-moi dans le sein de ta divinité,
Exauce-moi, grand Dieu! j'implore ta bonté.
J'ai depuis bien long-temps mérité ta colère,
A mes fautes je dois ma honteuse misère;
Faut-il pour les absoudre ou pour les expier,
Comme le pauvre Job, mourir sur un fumier:
Ordonne-le, Seigneur, que ma tête abaissée
Apprenne à détester sa vanité passée;
Que sur moi ton courroux éclate sans pitié;
Qu'aux yeux de l'univers je sois humilié;
Qu'en un mot, accablé du poids de ta justice,
Je sois à ta vengeance offert en sacrifice!
Frappe, frappe, Seigneur; je bénirai mon sort
Si je puis en chrétien arriver à la mort;
Si, par mon repentir et par la pénitence,
J'obtiens ou ton pardon, ou du moins ta clémence.

*

PRIERE, dans la quinzaine de Pâques 1818.

C'EST au pied de la croix, ô mon divin Sauveur!
Que je te viens offrir l'hommage de mon cœur!
Jusques à quand, hélas! vivrai-je dans le vice?
Et quand puis-je espérer que tu me sois propice?
Dans mon âme je sens le besoin de t'aimer,
Et par le monde encor je me laisse charmer.
Viens m'aider, ô mon Dieu! que ta main secourable
M'arrache promptement au remords qui m'accable,
Qu'elle me fortifie et réchauffe ma foi,
Qu'elle me rende enfin un jour digne de toi.
Lorsque tout m'abandonne, et lorsque la nature
Se refuse à mes voeux, indigne créature!
Je cours encor après les infâmes plaisirs
Qu'entraînent loin de moi d'inutiles désirs.
Dans un cœur corrompu quelle trace profonde
Laissent les souvenirs des vanités du monde!
Dissipe, Dieu puissant! ce triste souvenir!
Ne présente à mes yeux que mon seul avenir!
Et que j'attende au moins du bienfait de ta grâce,
Au sein de l'Éternel d'obtenir une place.

PRIÈRE.

DIEU de Jacob! Dieu de mes pères!
Toi que j'invoque en mes prières,
Toi qui des faibles est l'appui,
Daigne m'écouter aujourd'hui.

Couvert de fange et de poussière,
Et de honte et d'iniquité,
Je viens implorer ta bonté
Pour mon heure dernière.
En me privant de la lumière
Tu n'as point voulu me punir,
Mais bien m'aider à mieux finir
Ma trop longue et triste carrière.
Dieu tout-puissant, arrache de mon cœur
Cette racine si profonde
Qui des vanités de ce monde
Me fait encore aimer l'erreur;
Dieu! sur la malheureuse Adèle
Daigne jeter un seul regard,
N'abandonne pas au hasard
La brebis qui t'appelle.
Exauce, écoute-moi, Seigneur.
Daigne confondre, unir nos âmes,
Fais-nous brûler de tes célestes flâmes,
Et, pour t'aimer, n'avoir qu'un cœur.

INVOCATION en faveur d'Adèle.

Grand Dieu! protège mon Adèle
Et comble la de tes bienfaits,
Tu ne protègeras jamais
De plus vertueuse mortelle.
Fille tendre, femme fidèle,
De l'amour et de l'amitié
Elle est l'objet et le modèle,

Et sa belle âme, éprise d'un saint zèle,
Est ouverte toujours à la douce pitié.
Dieu tout-puissant! quand je t'implore
Pour cette amie de mon cœur,
Pour cette femme que j'adore,
A qui je dois tout mon bonheur,
J'ai la parfaite connaissance
De sa vertu, de son humilité,
Et que pour ta divinité
Elle est pleine d'amour et de reconnaissance.

PRIERE pour Adèle, qui m'en demandait une.

Dieu tout-puissant, à qui, dans mon enfance,
Je dus toujours le calme et le bonheur,
Je viens à toi, pleine de confiance,
Te découvrir les peines de mon cœur.

Je fus jadis dans ta crainte élevée,
Un sort affreux me sépara de toi;
Depuis ce temps je suis infortunée,
Mon Dieu, je veux revivre sous ta loi.

Oui, j'ai marché dans le sentier du vice,
Victime, hélas! de ses plaisirs trompeurs;
Se pourrait-il que le Dieu de justice
Ne fît pas grâce à toutes mes erreurs!

Dieu tout-puissant, exauce ma prière,
J'ai blasphémé, j'ai renié ton nom;
Si ces forfaits méritent ta colère,
Mon repentir mérite ton pardon.

LE REPENTIR.

ODE.

Dieu de bonté, Dieu de clémence,
J'invoque aujourd'hui ta puissance;
Viens pénétrer d'une sainte ferveur
Et mon esprit, et mon fragile cœur;
Viens, viens allumer dans mon âme
Cette ardente et céleste flâme
Qui pour toi seul me fasse chaque jour
Brûler d'un pur et d'un constant amour.

Pour consoler ma vieillesse,
De ma fougueuse jeunesse,
Daigne effacer jusques au souvenir;
Inspire-moi le plus vrai repentir,
Et dans le jour de ta vengeance
N'impose d'autre pénitence
A mes péchés, à toutes mes erreurs,
Que mes regrets, que ma honte et mes pleurs.

Qu'ai-je dit? Hélas! plus je pense
A mes crimes, à mon offense,
A ma tiédeur, à mon anxiété,
A mon parjure, à mon impiété,
Et plus je sens que la prière,
Que le cilice, que la haire,
Peuvent eux seuls, à mes derniers momens,
Faire adoucir tes justes châtimens.

Mais c'est en vain que je l'espère,
J'ai trop excité ta colère;
J'ai trop souvent dédaigné tes bienfaits,
Pour me flatter de pouvoir désormais
Avoir part à ton indulgence,
Et me montrer en ta présence
Avec le calme et la sécurité
D'un cœur rempli de ta divinité.

Non, ma misère épouvantable,
Le remords même qui m'accable,
Ne peuvent plus te rapprocher de moi.
Frappe, grand Dieu! punis et venge-toi;
J'entends sur ma tête coupable
Gronder ta foudre redoutable;
Tonne, grand Dieu! frappe en moi le mortel
Le plus ingrat et le plus criminel.

VERS sur la mort d'un jeune homme de 18 *ans.*

QU'AI-JE entendu!... quels sons... quels lugubres accen
Ont frappé mon oreille, et glacé tous mes sens?
En longs habits de deuil quelle est cette assemblée
Qui des coups de la mort semble tout accablée?
D'où partent ces soupirs et ces gémissemens?
Dieux! c'est un fils chéri, qu'enlève avant le temps,
A sa famille en pleurs, le Ciel inexorable.
Trop malheureux enfant, autant aimé qu'aimable!
Faut-il qu'à tes parens, à tes nombreux amis,
Le bonheur, le repos, par ta mort soient ravis!

Eh! qu'avais-tu besoin ici-bas de paraître?
Pour mourir aussitôt, te fallait-il donc naître?
Pourquoi, par tes égards, ton respect et tes soins,
Devins-tu de ton père un des premiers besoins?
Pourquoi captivas-tu, par ton amour sincère,
Le cœur, le précieux cœur de la plus tendre mère!
Comme on s'abuse, hélas! croire qu'en voyageant
L'homme peut rencontrer quelque bonheur constant!
Ne le cherchons jamais sur cette triste terre,
Nous ne caresserions qu'une vaine chimère.
Ce n'est que dans le sein de la divinité
Où se trouvent la paix et la félicité.
C'est là qu'est votre fils, bon et vertueux père;
C'est là qu'il vous attend, toi qui lui fus si chère.
Par le plus doux espoir adoucis tes douleurs:
Tu le verras un jour.... et ce jour de bonheur
Déjà de l'avenir doit t'offrir tous les charmes,
Et tarir désormais la source de tes larmes.

A ADELE,

Sur les soins qu'elle prend de ma vieillesse.

Adèle, je reçois depuis long-temps vos soins;
Votre tendre amitié prévient tous mes besoins,
Et votre cœur se livre à la sollicitude
S'il voit le mien troublé par la moindre inquiétude.
Pour autant de vertus, et pour tant de douceur,
Le Ciel vous pourrait-il refuser sa faveur?

Non, ne le craignez point: Dieu, du haut de son trône,
Pour vous récompenser prépare une couronne.
Vous l'avez méritée en faisant mon bonheur,
Et vous en jouirez dans le sein du Seigneur.
Adèle, désormais, que toute votre étude
Soit de vous occuper de la béatitude.
Abandonnez le monde et ses plaisirs trompeurs;
Ne prêtez plus l'oreille à des propos flatteurs,
Que l'amour de Dieu seul soit dans votre belle âme,
Brûlez à l'avenir d'une céleste flâme,
Et pénétrez-vous bien qu'il faut, pour être heureux,
Au Tout-Puissant, au Ciel, adresser tous vos vœux.
Qui plus que vous possède et posséda des charmes?
Que vous ont-ils valu? Souvent d'amères larmes.
De vos frivolités, de vos nombreux plaisirs
Il vous reste peut-être encor des repentirs.
Tout échappe aux humains, avec le temps tout passe,
Le souvenir d'un jour par un autre s'efface,
Et qui court ici-bas à la félicité
Est perdu pour la terre et pour l'éternité.
Adèle, réclamez la divine clémence,
Offrez-lui vos regrets et votre pénitence:
Votre cœur bientôt, exempt de tout remord,
Détaché de la vie, et tout prêt à la mort,
Attendra le moment où Dieu, par sa présence,
De vos justes désirs comblera l'espérance.

DE L'IMPRIMERIE DE PLASSAN.

TABLE

Des Pièces contenues dans ce volume.

(Ce Recueil ayant été successivement imprimé par feuilles sans pagination générale, et sur papier différent, il en résulte peu d'ensemble, et l'impossibilité d'assigner un numéro à chaque Pièce. On a remédié à cet inconvénient en les inscrivant ci-après, dans le rang qu'elles occupent dans ce Recueil.)

Fin de la Table.

DE L'IMPRIMERIE DE PLASSAN.

www.ingramcontent.com/pod-product-compliance
Lightning Source LLC
LaVergne TN
LVHW010256230826
846091LV00007B/3003

* 9 7 8 2 0 1 4 0 5 5 3 2 0 *